AF454194

LOUIS XV

CHEZ MADAME DUBARRY,

COMÉDIE-VAUDEVILLE EN UN ACTE,

PAR

MM. ÉMILE VANDER-BURCH ET ANICET BOURGEOIS.

Représenté pour la première fois, à Paris,
SUR LE THÉATRE DU PALAIS-ROYAL,
le Mardi 4 Octobre 1831.

2ᵉ ÉDITION.

PRIX : 1 FR. 50 C.

PARIS.

CHEZ MALAISIE, ÉDITEUR,
BOULEVART SAINT-MARTIN, N° 2;

ET CHEZ BARBA, LIBRAIRE, PALAIS-ROYAL.

1834.

<table>
<tr><td>PERSONNAGES.</td><td>ACTEURS.</td></tr>
<tr><td>LOUIS XV........................</td><td>MM. Dormeuil.</td></tr>
<tr><td>Le Baron SALENTIN, Fermier-général.</td><td>Régnier.</td></tr>
<tr><td>JULES, Secrétaire de la Comtesse.....</td><td>Auguste.</td></tr>
<tr><td>NICOLAS........................</td><td>Paul.</td></tr>
<tr><td>Un VALET........................</td><td>Vézian.</td></tr>
<tr><td>La Comtesse DUBARRY.............</td><td>Mmes Théodore.</td></tr>
<tr><td>HENRIETTE, sa première Camériste.</td><td>Éléonore.</td></tr>
<tr><td>HÉLOISE, Demoiselle à son service...</td><td>Levasseur.</td></tr>
</table>

La Scène est à Versailles dans les petits appartemens.

S'adresser, pour la musique, à M. Lemaire, copiste du théâtre de l'Ambigu-Comique, à ce théâtre.

IMPRIMERIE DE DAVID,
BOULEVART POISSONNIÈRE, n° 4 bis.

LOUIS XV CHEZ Mme DUBARRY,

COMÉDIE-VAUDEVILLE.

(Le Théâtre représente un petit salon élégant.)

SCÈNE PREMIÈRE.

Le Baron SALENTIN, un Valet.

LE BARON, *entrant.*

Annonce à madame la comtesse Dubarry, monsieur le baron Salentin, tu n'oublieras pas... le baron Salentin... sollicite l'honneur de lui présenter ses respectueux hommages... (*Le valet salue et sort. Le baron allant s'asseoir.*) Ouf! c'est un peu humiliant pour un homme comme moi, pour un fermier-général, un des coffreforts de l'époque, de venir faire anti-chambre chez cette petite comtesse de nouvelle fabrique, qui du comptoir d'une marchande de modes est venue sans façons s'asseoir presque sur le trône... Ah! nous regretterons long-temps, nous autres financiers, Jean Law et son système... on ne disait plus le cabinet de Versailles, mais les bureaux de la rue Quincampoix... on avait les places, les grands em-plois et les ministères argent comptant.

> Air du Vaudeville de l'*Artiste* (Gymnase).
>
> Un gouvernement en province
> Pouvait coûter vingt mille écus,
> On était chambellan du prince
> Pour cinq cents ducats tout au plus;
> On avait pour quelques oboles
> Des grades pour tous ses parens,
> En y mettant huit cents pistoles
> On aurait eu trois parlemens.

Cependant, je n'ai pas trop à me plaindre, avec les diamans on fait encore assez bien son chemin.

SCÈNE II.

LE BARON, JULES *entrant, des papiers à la main.*

JULES.

Que vois-je! M. Salentin, notre fermier-général, à Ver-sailles, sitôt...

LE BARON.

Que voulez-vous, mon cher, quand on sollicite il faut se lever de bonne heure. Sous le règne de madame de Château-roux, Cotillon Iᵉʳ, comme disait le grand Frédéric, j'ai manqué le grenier à sel de vingt-cinq minutes... depuis ce temps, je suis devenu matinal.

JULES.

Mais vous l'avez obtenu.

LE BARON.

Oui... sous madame de Pompadour, Cotillon II.

JULES.

Et vous venez aujourd'hui...

LE BARON.

Rendre mille actions de grâces d'abord à la charmante reine de céans... (bas) Cotillon III... (haut) Ainsi qu'elle me l'avait promis, je suis baron, mon très-cher, baron. Comme ce titre fait bien devant le nom de Salentin... sans compter que l'année prochaine je dois avoir le chapeau de comte... ça coûte bien un peu cher, mais n'est pas noble qui veut.

JULES.

Si vous m'en croyez, M. le fermier-général, vous ne tirerez pas vanité d'un titre...

LE BARON.

Que j'ai parbleu bien payé.

JULES.

C'est pour cela même... quel abus !

AIR de *Préville et Taconnet.*

Depuis qu'on peut acheter la naissance,
Grâce au tarif, il nous pleut des barons ;
Un usurier prend un titre en quittance,
Il vient mêler son nom aux plus grands noms
Et de Bayard chausser les éperons.

LE BARON.

Cela se peut, mais, trève de morale,
Il vaut bien mieux, mon cher, dans tous les cas,
Quand pour courage on n'a que des ducats,
Verser de l'or dans les caisses royales
Que de verser son sang dans les combats.

Au reste, mon cher ami, je ne viens pas seulement pour remercier la comtesse, un superbe collier m'a déjà précédé. J'ai encore une petite demande à faire et j'ai compté sur vous pour m'appuyer; secrétaire particulier de la favorite, vous avez une grande influence ici.

(5)

JULES.

Si votre requête est juste.

LE BARON.

Il s'agit bien de cela... je suis bien en cour, je suis baron, on n'a rien à me refuser. Je vous dirai que ma noblesse me revient à quelques cinquante mille livres, et, en homme de finances, avant tout je dois rattraper cela... la place de contrôleur des gabelles, à Rennes, est vacante; un riche traitant m'en a offert un bon prix si je puis la lui faire obtenir, et...

JULES.

Comment, monsieur, vous sollicitez un emploi pour le vendre !

LE BARON.

Certainement... Ce sont les revenus fixes de la faveur.... Est-ce que par hasard vous voudriez jouer ici le rôle de censeur ? Mon cher ami, c'est un emploi qui n'aura pas de succès à la cour de Louis XV. Tenez, on voulut l'autre jour faire des remontrances au roi; le peuple murmure, lui disait-on, il finira peut-être par se fâcher. Sa majesté fit là-dessus une réponse charmante : Tant que je vivrai, le peuple restera tranquille ; après moi, mon successeur s'arrangera comme il pourra.

JULES.

Heureux si son règne s'achève en paix !

LE BARON.

Eh bath !... Il y a long-temps qu'on parle de tempête, de volcan, et rien ne bouge. Nous pouvons encore dormir tranquilles.

JULES.

Insensés que vous êtes! vous fermez les yeux sur l'avenir.

AIR : *Un page aimait la jeune Adle.*

Et demain peut-être la France
Sortira d'un trop long sommeil.
Ah! craignez tout de sa vengeance
Quand sonnera l'heure de son réveil.
Trop abreuvé de mépris et d'outrage,
Le peuple enfin se lassera ;
Autour du trône on voit grossir l'orage,
Et sur les rois la foudre éclatera.

LE BARON.

Allons, encore un que Voltaire nous a perdu... Voltaire... ah ! cet homme-là a fait bien du tort à la noblesse. Mais, changeons d'entretien. On sort de chez la comtesse.

SCÈNE III.

LES MÊMES, HENRIETTE.

HENRIETTE.

Madame est encore en négligé, mais monsieur le baron peut entrer.

LÉ BARON.

Je me hâte de profiter de la permission. Gentille cámériste, tâchez donc de convertir ce petit philosophe ; c'est tout-à-fait un Grec dans les remparts de Troie ; c'est un serpent que nous réchauffons dans notre sein.

HENRIETTE.

Soyez tranquille, monsieur le baron, il y a ici quelqu'un qui se chargera de la conversion.

LE BARON.

Et ce quelqu'un n'est pas loin, n'est-ce pas ? S'il résiste à ces yeux-là, je désespère de lui. J'entre chez la comtesse.

SCÈNE IV.

HENRIETTE, JULES.

(Pendant les derniers mots du baron, Jules s'est assis devant un petit meuble et relit les papiers qu'il tient à la main.)

HENRIETTE, *s'appuyant sur le fauteuil.*

Eh bien ! monsieur le secrétaire, vous craignez le sermon et vous vous faites un rempart de toutes ces paperasses.

JULES, *se levant.*

Si vous voulez me prêcher comme l'éloquent baron Salentin, n'ai-je pas raison de me défier de mes forces ? Je pense comme lui, qu'on ne peut pas résister si l'on vous regarde ou si l'on vous écoute.

HÉNRIETTE.

Allons... on finira par vous former, car vous devenez flatteur, et vous mentez déjà avec infiniment de facilité.

JULES.

Moi, Mademoiselle !

HENRIETTE.

Oh ! n'essayez pas de vous en défendre. Tenez, moi qui ne fus pas élevée à la cour, tant s'en faut , j'aurai beaucoup plus de franchise que vous. Il y a quelque temps je vous voyais souvent triste, rêveur; je surprenais parfois de tendres regards, de langoureux soupirs; j'avais l'amour-propre de croire que tout cela m'était adressé. Mais dans les tête-à-têtes que j'avais la bonté de vous accorder, vos regards devenaient froids, vos soupirs se taisaient, et puis tout cela recommençait quand nous étions trois.

JULES.

Comment! mademoiselle, vous vous êtes aperçue..

HENRIETTE.

Que vous ne m'aimiez pas. Eh! mon dieu, oui. Je ne tardai pas à découvrir mon heureuse rivale, et de ce moment je résolus de me venger de vous pour me consoler; car si la vengeance est le plaisir des dieux, c'est aussi le bonheur des femmes.

AIR du vaudeville du *Baiser au Porteur*.

En vous voyant si gauche et si timide
Près de l'objet de votre amour,
A vous servir alors je me décide;
Pour vous je déclare en ce jour,
Que votre cœur aime enfin à son tour.
Confidente de votre flamme,
Ma rivale aussi l'apprendra.
Je veux qu'elle soit votre femme,
C'est elle qui me vengera.

JULES.

Comment! vous aurez la bonté...

HENRIETTE.

De parler pour vous? oui, sans doute. Vous verrez comme je sais faire une déclaration d'amour.

En dehors la voix d'Héloïse.

Oui, madame la comtesse, (*Jules fait un mouvement.*)

HENRIETTE.

Eh bien! qu'avez-vous donc? Ah! je comprends, le son de sa voix.. En vérité, mon cher, vous aimez comme du temps des chevaliers de la table ronde.

SCÈNE V.

LES MÊMES, HÉLOÏSE, *entrant sans voir Jules.*

HÉLOÏSE.

Mademoiselle Henriette, je viens ici préparer tout ce qu'il faut pour la toilette de madame la comtesse. N'auriez–

vous pas vu les bracelets de madame? (*Apercevant Jules,
elle baisse les yeux et s'arrête.*)

HENRIETTE.

Comment, elle aussi... Eh bien! ma chère amie, qui est-
ce donc qui vous empêche d'approcher?

JULES.

Mademoiselle, si je suis de trop ici, je me retire.

HENRIETTE, *riant en les regardant.*

Ah! ah! ah! les drôles d'amoureux ; l'un n'ose plus bouger
de place, et l'autre se sauve. Enfans que vous êtes, puisque
le hasard vous rassemble, ne détruisez pas ce qu'il a la bonté
de faire pour vous.

HÉLOÏSE.

Mais... mademoiselle Henriette, je ne comprends pas...

HENRIETTE.

C'est très-bien ce que vous dites-là... Une demoiselle doit
toujours faire semblant de ne pas comprendre... Mais,
voyez-vous, avec vos petites dissimulations vous en resteriez
dix ans au premier chapitre... Avancez, mademoiselle, et
levez un peu les yeux... Monsieur a quelque chose de très-
important à vous dire.

HÉLOÏSE.

A moi?

JULES, *bas à Henriette.*

Ah! mademoiselle, vous avez deviné ce qui se passe dans
mon cœur... mais je n'oserai jamais avouer...

HENRIETTE, *à part.*

Ce pauvre garçon!... je crois vraiment qu'il en est à sa
première passion... A son âge... Allons, voyons, puisque
je vous l'ai promis, je parlerai pour vous. (*Haut*). Ma chère
Héloïse, monsieur n'ose pas vous dire qu'il vous aime à la
folie... Eh bien! vous ne dites rien non plus; allons, comme
j'ai fait la demande, je vais faire la réponse. Mademoiselle
Héloïse, camériste de madame la comtesse, reçoit avec plaisir l'hommage de...

HÉLOÏSE.

Qu'est-ce que vous dites donc, mademoiselle?

HENRIETTE.

Je réponds... Si j'ai mal dit, parlez vous-même.

JULES.

Non, non, continuez... vous parlez comme un ange.

HENRIETTE, *regardant Héloïse.*

Hem! faut-il que..

HÉLOÏSE.

Puisque vous avez commencé...

HENRIETTE.

A la bonne heure! Monsieur (c'est toujours mademoiselle qui parle), je suis sans fortune, profitez de l'amitié que vous porte madame la comtesse pour obtenir un riche emploi, et alors...

HÉLOÏSE, *à Jules.*

Alors...

HENRIETTE.

Eh bien ! alors vous me demanderez en mariage... Je suis orpheline, seule maîtresse de dire oui et non, et je dirai... Hein ! qu'est-ce que vous direz ?

HÉLOÏSE.

Dam! ce que vous voudrez, mademoiselle Henriette.

HENRIETTE

Voilà tout ce qu'on vous demande... Là-dessus, monsieur Jules va tomber à vos genoux, vous baiser la main...Allons donc, monsieur, en bonne conscience, je ne peux pas faire encore cela pour vous.

JULES.

Ah ! Mademoiselle, je puis donc espérer..

HENRIETTE.

A genoux.

JULES.

Je n'osais croire à tant de bonheur

HENRIETTE.

A genoux.

JULES.

M'y voilà.

HENRIETTE.

C'est bien heureux!.. Ouf! voilà une déclaration qui m'a donné bien du mal. A présent prenez-vous les mains, levez les yeux au ciel, et vous serez fiancés comme au temps des amours des Gaules; et, puisqu'enfin vous voilà d'accord, je me charge de faire venir l'emploi le plus tôt possible.

JULES.

Ah! mademoiselle, toutes les femmes ne se vengent pas comme vous.

HENRIETTE.

Air du *Siége de Corinthe.*

Silence, j'entends la comtesse,
Je veux l'intéresser à vous ;

Comptez, enfans, sur ma promesse,
Avant peu vous serez époux.
Reprise.
Oui, c'est madame la comtesse,
Tous les deux nous comptons sur vous ;
Si vous tenez votre promesse,
Avant peu nous serons époux.

SCÈNE VI.

Les Mêmes, LE BARON, LA COMTESSE.

LA COMTESSE.

Oui, baron, soyez tranquille, j'ai de la mémoire.

LE BARON.

Alors, charmante comtesse, vous n'oublierez pas qu'outre les places en question, j'attends un petit portefeuille, celui que vous voudrez.

LA COMTESSE.

J'en parlerai au prochain conseil. Dans tous les cas, vous aurez votre chapeau de comte pour l'hiver prochain... Eh bien ! Héloïse, et mes bracelets ?

HENRIETTE.

Ne la grondez pas, madame, c'est moi qui l'ai retenue.

LA COMTESSE.

Baron, voulez-vous bien permettre que devant vous j'achève ma toilette.

LE BARON.

Comment donc ! mais c'est une faveur toute précieuse.

LA COMTESSE.

Ah ! bonjour.. Jules... vous m'apportez votre travail, attendez un peu, je l'examinerai tout-à-l'heure.

JULES.

J'attendrai, madame.

LA COMTESSE.

Allons, mesdemoiselles, dépêchons-nous. (*Pendant ce temps, Héloïse a approché une toilette, la comtesse s'est assise.*)

LE BARON.

Si j'osais, j'offrirais à madame la comtesse mes humbles services ; dans le monde j'ai la réputation d'être une excellente femme de chambre.

LA COMTESSE.

Comment ! mon cher baron, vous savez habiller les dames.

LE BARON, *à une femme-de-chambre qui apporte des souliers.*

Donnez, donnez, mademoiselle.

LA COMTESSE.

Ah! voilà, par exemple, le superfin de la galanterie... Me présenter vous-même...

LE BARON.

Air : *J'ai vu le Parnasse des Dames.*

Comtesse, mes soins et mon zèle
Se forment dans votre salon :
Ce soulier mignon me rappelle
La pantoufle de Cendrillon.
        (*Bas à Jules, qui le regarde avec surprise.*)
Pourquoi cette mine ébahie?

JULES.

Le trait me passe, il est nouveau.

LE BARON.

Eh! mon cher.
        Dans cette pantoufle jolie,
        De comte, je vois le chapeau.

JULES.

Ce chapeau-là sera bien mérité. Pauvre peuple! et voilà les services que tu paies!

LA COMTESSE.

Eh bien! mon cher Salentin, la cour de Louis XV garde-t-elle toujours rancune à la grisette?

LE BARON.

Madame la comtesse, nos grandes dames ne vous pardonneront jamais d'être plus jolie qu'elles.

LA COMTESSE.

Ou du moins plus aimable. Quand je suis arrivée dans ce château, personne ne s'y amusait qu'avec la permission du grand-maître des cérémonies. Le roi lui-même n'osait qu'en secret braver le cérémonial dont on voulait entourer ses plaisirs. Dieu merci! j'ai changé tout cela.

Air d'*Henri IV en famille.*

J'ai corrigé l'air trop pesant des cours
Et sur l'ennui ma victoire est complète ;
Dans ce palais ramenant les amours,
J'ai chassé devant moi la morgue et l'étiquette.
Noble sans nom, reine sans majesté,
Le plaisir seul a tressé ma couronne.
A mes genoux il met la royauté,
Et mon boudoir est la salle du trône.

LE BARON.

Ah! Que ne puis-je être roi de France un seul jour tout

entier. Mais voici l'heure du petit lever. Je vais me présenter aux appartemens du roi. Vous le voyez, charmante comtesse, la majesté elle-même ne passe qu'après vous, vous avez eu ma première visite.

LA COMTESSE, riant.

C'est beaucoup trop d'honneur.

LE BARON.

Vous m'avez promis, comtesse, d'avoir de la mémoire, j'y compte et je reviendrai prendre la commission que vous aurez fait signer.

AIR de la Walse de Robin des Bois.

Sans adieu, ma belle comtesse;
Oui, je me rends à mon devoir;
Mais pour l'objet qui m'intéresse,
Je reviendrai bientôt vous voir.

HENRIETTE.

C'est un quart-d'heure de largesse,
Le cher baron s'en va rempli d'espoir;
Car maintenant les titres de noblesse
Se dispensent dans le boudoir.

Reprise.

Il quitte à regret la comtesse,
Et va se rendre à son devoir;
Mais pour l'objet qui l'intéresse,
Il reviendra bientôt la voir.

SCÈNE VII.

LES MÊMES, excepté LE BARON.

LA COMTESSE, riant.

Ah! ah! ah! rien ne manque plus à ma gloire. Un baron millionnaire m'a présenté mes mules... Certes, si je le puis, je ferai celui-là duc et pair.

JULES.

En se dégradant, il aura donc pris le meilleur chemin pour arriver à la fortune.

LA COMTESSE.

Ah! voila mon censeur! je m'étonnais qu'il n'eût encore rien dit; mais je ne me fâcherai pas. Autrefois les rois avaient aussi un fou privilégié qui seul osait leur dire la vérité. Tenez, Jules, vous porterez tous ces papiers dans mon cabinet, je n'ai pas le temps de les examiner; il faut que je parle à Hen-

riette. Ah ! préparez la commission de contrôleur des gabelles , je la ferai signer au roi aujourd'hui même.

JULES.

A qui madame la comtesse fait-elle accorder cet emploi?

LA COMTESSE.

Mon dieu ! j'ai oublié de demander à Salentin le nom de
son protégé. Vous le laisserez en blanc.

JULES.

Ne savez-vous pas, madame, que cette place est impor-
tante... Si l'homme qui vous est recommandé n'était...

LA COMTESSE, *vivement.*

Qu'un fripon...Eh ! mon cher, il y en a déjà tant en place ,
qu'un de plus ou du moins...

JULES.

Mais cependant...

LA COMTESSE.

Assez... Faites ce que je vous dis, et sortez.

JULES, *bas à Héloïse, en sortant.*

Ah ! mademoiselle, sans vous je quitterais ce château pour
n'y jamais rentrer.　　　　　　　　　　(*Il sort.*)

LA COMTESSE.

Héloïse, laissez-nous.

HENRIETTE , *bas à Héloïse.*

Ne vous désolez pas... votre amant est un maladroit... mais
je réparerai ses sottises.

SCÈNE VIII.

LA COMTESSE, HENRIETTE.

LA COMTESSE, *regardant sortir Héloïse.*
Qu'a donc cette petite fille ? elle avait presque les larmes
aux yeux en sortant.

HENRIETTE.

C'est que vous avez un peu maltraité son prétendu.

LA COMTESSE.

Qui? Jules ?

HENRIETTE.

Lui-même.

LA COMTESSE.

Comment ! Jules que je croyais la sagesse en personne !

HENRIETTE.

Eh ! madame, l'amour aime à faire des miracles.

LA COMTESSE.

Oui, ma présence ici en est la preuve. Tous les matins quand je m'éveille et que je regarde autour de moi, il me semble que je rêve encore... moi comtesse... et presque reine.

HENRIETTE.

Toutes les jolies femmes ne vont pas si loin.

LA COMTESSE.

Eh bien ! croirais-tu que mon plus grand plaisir est de me rappeler le passé ? je me vois encore petite marchande de modes, courant avec toi les rues de Paris, un carton à la main.

HENRIETTE.

Oui, je me rappelle aussi les complimens qu'on nous adressait ; ils étaient sincères, car vous n'aviez pas alors de ministère à donner à vos flatteurs.

LA COMTESSE.

J'aime à me reporter à ces jours d'indigence et de liberté ; l'étiquette alors ne gênait pas mes plaisirs. Tiens, je veux pour aujourd'hui oublier que je suis comtesse, oublie-le toi-même. Plus de madame ; reprenons toutes les deux nos surnoms de magasin ; redeviens, toi, mademoiselle Chonchon, et moi mademoiselle Manon.

HENRIETTE.

Je ne demande pas mieux... l'amitié a besoin d'un peu d'égalité.

LA COMTESSE.

Sais-tu que ces souvenirs-là ne nous rajeunissent pas ? Il y a cinq ans que nous avons quitté le comptoir.

AIR : *Petit blanc.*

Modestes ouvrières
Nous nous aimions déjà.

HENRIETTE.

Tu fis bien tes affaires
Depuis ce moment-là.

LA COMTESSE.

Sans changer pour cela,
Oui, notre premier âge
Eut aussi ses beaux jours.
De notre apprentissage
Je me souviens toujours.
Entre nous point de gêne,
Je veux être à mon boudoir
Le matin presque reine,
Et grisette le soir.

ENSEMBLE.

Entre nous, etc,

LA COMTESSE.

Il faut pourtant que je t'apprenne ce qui réveille si vivement en moi le souvenir du passé.

HENRIETTE.

Une rencontre peut-être.

LA COMTESSE.

Non, une lettre... oh! mais une lettre curieuse. Tiens, tu vas en juger; lis toi-même.

HENRIETTE.

Quelle écriture ! on la peut lire de loin. « Madame et res-
» pectable comtesse, je vous écris ces lignes pour vous dire
» que je suis une victime des recruteurs et de la milice. On
» m'a dit au régiment que vous étiez reine depuis huit heures
» du soir jusqu'à neuf heures du matin, ou à peu près, et que
» vous pourriez me tirer du pétrin où je suis tombé. J'ai pas fait
» mes études pour être tambour; mais pour être pâtissier-
» rôtisseur. Soyez la bienfaitrice de l'humanité; rendez-moi à
» ma broche et à mes tourtes. J'ai compté sur votre complai-
» sance, et j'attends pour demain votre réponse, avec laquelle
» j'ai l'honneur d'être votre respectueux serviteur et sujet, Ni-
» colas Mathon , ci-devant rue St-Martin, à la bonne foi, et
» maintenant à la caserne du Châtelet, tambour. » Nicolas Mathon ! notre ancien ami !

LA COMTESSE.

Lui-même...

HENRIETTE.

Ce pauvre Nicolas!

LA COMTESSE.

Voilà justement ce que j'ai dit en lisant cette lettre. Malgré moi je me suis rappelée combien j'avais aimé cet imbécille-là.

HENRIETTE.

Comment! vraiment... tu l'as aimé?

LA COMTESSE.

A la folie. Que veux-tu... une première inclination.. Enfin j'ai voulu le revoir.

HENRIETTE.

Ici ! quelle imprudence ! Si le roi...

LA COMTESSE.

Il n'en saura rien... J'ai écrit moi-même à Colas que la comtesse Dubarry l'attendait à déjeûner aujourd'hui. Ce pauvre garçon ne se doute pas qu'il va retrouver à **Versailles** cette simple ouvrière qu'il aimait tant , je ris d'avance de sa surprise.

HENRIETTE.

Comment! il va déjeûner ici ?

LA COMTESSE.

Avec moi , quel grand mal, c'est bien sans conséquence.

HENRIETTE.

Mais si Louis **XV**...

LA COMTESSE.

Il est à la chasse. Je vais bien vîte renvoyer Jules. Toi , reste ici pour attendre Colas; tu donneras l'ordre que personne ne vienne nous déranger. Le roi et le duc de Cossé ont seuls la clef des escaliers dérobés , et je n'attends ni l'un ni l'autre.

HENRIETTE.

Réfléchis avant.

LA COMTESSE.

Je n'ai jamais réfléchi de ma vie et je ne commencerai pas aujourd'hui. Un dernier coup-d'œil à ma toilette... Je veux absolument faire tourner la tête à M. Colas. Ah! tiens, je ne donnerais pas cette journée pour la moitié des diamans de la couronne. (*Il sort.*)

SCÈNE IX.

HENRIETTE.

Vit-on jamais un pareil caprice! Après tout ce n'est qu'une plaisanterie pour passer gaîment la matinée. Au fait, je me rappelle; il était gentil, monsieur Colas; ses grands yeux noirs quoiqu'un peu bêtes, disaient fort bien je t'aime , et Manon veut encore lire dans ces yeux-là. Allons, exécutons ses ordres... (*elle sonne ; des valets paraissent.*) La comtesse n'est visible ce matin pour personne.

UN VALET.

Soyez tranquille, mademoiselle, personne n'entrera.

HENRIETTE.

Attendez encore... Vous introduirez seulement un jeune homme portant l'uniforme de tambour, et qui vous présentera une lettre de madame la comtesse elle-même. C'est un pauvre diable qu'elle protège...

UN VALET.

Je l'introduirai moi-même. (*Dans ce moment la porte du fond s'ouvre. Une tête passe ; c'est Colas.*)

SCENE X.

LES MÊMES, COLAS.

COLAS.

Messieurs, mesdames, c'est y ici que demeure madame la comtesse Dubarry?

HENRIETTE.

C'est lui!

LE VALET.

Quel est cet homme?

HENRIETTE.

C'est le protégé de madame. Qu'il entre.

COLAS.

C'est ty ici que...

LE VALET.

Oui... Donnez-vous la peine d'entrer.

HENRIETTE, bas, au valet.

Maintenant, plus personne.

LE VALET.

C'est entendu, mademoiselle.   (*Ils sortent.*)

SCÈNE XI.

HENRIETTE, COLAS.

HENRIETTE.

Puisque Manon est à sa toilette, je rirai avant elle de la surprise de ce pauvre Colas.

COLAS.

Dieu! que c'est beau!... On marche sur l'or et l'acajou... mais y paraît qu'à la cour c'est comme un verglas; car j'n'ai fait qu'une glissade de l'antichambre ici. Tiens, j'avais pas vu... v'la une demoiselle qu'est restée...

HENRIETTE.

Il est toujours le même... l'air aussi bête sous l'uniforme que sous le tablier.

COLAS.

C'est la bonne... Oh! non c'est du plus huppé. Voyons un peu comment elle va me recevoir : mademoiselle ou madame, c'est moi...

HENRIETTE, lui faisant la révérence.

Je le vois bien.

COLAS, la saluant.

Vous êtes bien honnête, madame ; y paraît que c'est bien

3

ici que loge la comtesse de. . Ah! mon Dieu, je me souviens plus... Diable de nom, j'peux pas me le fourrer dans la tête; y a du tonneau dans ce nom-là.

HENRIETTE.

La comtesse Dubarry; oui, M. Colas, vous êtes chez elle.

COLAS.

Colas!... tiens... vous savez mon nom de baptême?

HENRIETTE.

Comment! M. Colas, vous ne reconnaissez pas vos anciens amis?Est-ce que l'air de la cour vous fait déjà perdre la mémoire?

COLAS.

Non... du tout. L'air de la cour ça m'oppresse un peu l'estomac, vu que je n'en ai pas l'habitude.

HENRIETTE.

Regardez-moi bien!

COLAS.

J'ai beau regarder... Oh! on dirait presque... non... ça ne peut pas être ça.

HENRIETTE, *lui tirant l'oreille.*

Comment, tu ne devines pas, imbécille!

COLAS.

Imbécille!... c'est Chonchon; elle m'appelait toujours comme ça.

HENRIETTE.

Moi-même, je suis donc bien changée?

COLAS.

Non, au contraire; mais j'étais si loin de te croire si près; avec ça. depuis que je ne t'ai vue, il m'est arrivé une foule d'accidens. Tu sais, d'abord, que Manon a disparu depuis cinq ans. J'ai eu bien de la peine à me consoler de ça; enfin je m'étais fait une raison, et je pâtissais tout doucement, rue Saint-Martin, à la Bonne-Foi, tu sais, quand tout-à-coup... paf... me voilà milicien. On m'arrache à mes casseroles, à mes tourtières; on me met des baguettes dans la main, une caisse sur l'épaule, et on me dit : au nom du roi, t'est tambour et t'as le pompon de la patrie... tiens, le voilà le pompon de l patrie.

HENRIETTE.

Pauvre garçon!... mais ce costume te va bien!

COLAS.

C'est ce qui vous trompe, il ne me va pas du tout. J'ai pas la moindre vocation pour la peau d'âne, et on m'a conseillé de faire une pétition à la comtesse de... de...

HENRIETTE.

Dubarry.

COLAS.

C'est ça. J'ai fait ma pétition, et, vois un peu quel bonheur, non-seulement elle me répond, mais elle me fait l'honneur de m'inviter à déjeûner, et pas avec ses domestiques, avec elle. C'est ça qu'est populaire! Dis donc, je suis pas en retard, hein?

HENRIETTE, *riant.*

Non, non.

COLAS.

Au fait, le couvert n'est pas mis .. c'est mon estomac qu'avance .. Oh! mais fallait-il les voir à la caserne quand l'habit doré en argent est venu m'apporter c'te lettre : ils la mangeaient des yeux! Comment t'es invité par la comtesse?... Ta fortune est faite. C'est une fameuse protection; elle a le bras long... Moi, qui ne l'ai jamais vue, je ne sais pas si elle a les bras plus longs qu'une autre... Et puis! y me demandaient ma protection; y me disaient : tu me feras caporal, tu me feras sergent. J'ai dit, je commencerai par ne pas me faire tambour, et

AIR de *Turenne.*

Puisque je vais au pays des largesses,
Du lux', des honneurs, du bon goût,
Mes chers amis comptez sur mes promesses,
Je ne vous promets rien du tout ; (*bis.*)
J' f'rai comm' ceux dont la cour abonde,
A moi d'abord je vais songer,
Puis, quand j' s'rai las de m' protéger,
Je protégerai tout le monde.

HENRIETTE.

Chut! voici madame.

COLAS.

C'est ta comtesse?... Oh! v'la mon courage qui s'en va.... Chonchon ne m'abandonne pas !

HENRIETTE.

N'aie donc pas peur, nigaud, c'est peut-être encore une figure de connaissance.

SCÈNE XII.

LES MÊMES, LA COMTESSE, *en grande toilette.*

LA COMTESSE.

Je ne me trompais pas, Henriette n'est pas seule... C'est lui.

HENRIETTE, *à Colas, qui se baisse jusqu'à terre.*
Au lieu de tant baisser la tête, lève donc les yeux, imbécille, et regarde!

COLAS.
Ciel!.. Dieux, c'est y possible! Ces yeux, cette taille, cette figure!

HENRIETTE.
Ah! ah! ah! pauvre Colas! c'est ici le palais des fées.

LA COMTESSE.
Mon cher Colas, c'est donc toi!

COLAS.
Ah! madame la comtesse, est-ce Manon qui vous ressemble, ou si c'est vous qui ressemblez à Manon?

LA COMTESSE.
Allons, rassure-toi, mon ami... Pour toi, je ne veux pas être madame la comtesse, mais toujours Manon. Eh bien!... est-ce que tu ne me reconnais pas encore?

COLAS.
Pas tout-à-fait, mais ça va venir.

AIR du *Château Perdu.*

Dans ces salons, en vous voyant paraître,
C' lux' étonnant qui m'éblouit déjà,
M'empêch' sans dout' madam' d' vous r'connaitre,
On vous appell' comtesse, *et cætera.*
J'me souviens bien encor, je vous le jure,
De ces beaux yeux qui me charmaient jadis,
J'te reconnais bien à ta jolie figure,
J'vous r'connais pas à vos brillans habits.

HENRIETTE.
Allons, du courage, Colas!... Quand on ne s'est pas vu depuis si long-temps, on s'embrasse.

COLAS.
Ah! j'oserai jamais...

HENRIETTE.
Si madame la comtesse veut bien le permettre.

LA COMTESSE.
Du tout, c'est Manon qui le permet.

COLAS.
Quoi! vraiment!... c'est drôle, je tremble comme une feuille de papier... Ah! bah! tiens, c'est Manon.
(Il l'embrasse.)

LA COMTESSE.
C'est bien heureux.

COLAS.

Ah ! je commence à m'y remettre. Dam ! d'puis long-temps j'en avais perdu l'habitude... mais comment se fait-il...

LA COMTESSE.

Que je sois comtesse, n'est-ce pas ? je te conterai ça en déjeûnant... Puisque mon convive est arrivé, Henriette, dis qu'on nous serve.

HENRIETTE.

Tout de suite.

LA COMTESSE.

Tu dois avoir faim, n'est-ce pas ?

COLAS.

J'crois qu'oui... car j'ai pas été à la gamelle ce matin exprès pour vous faire honneur.

LA COMTESSE.

Tant mieux.

SCÈNE XIII.

LES MÊMES, PLUSIEURS DOMESTIQUES *apportant des plats.*

HENRIETTE.

AIR : *En avant* (Ouverture de *Guillaume Tell*).

Dépêchons, dépêchons,
Courons
De ce pas
Ordonner
L'déjeûner
De monsieur Colas.
Dépêchons,
Dépêchons,
De son embarras,
Ah ! qui ne rirait pas.

COLAS.

Grand Dieu ! quel gala,
C'est pour moi tout ça !

LA COMTESSE.

Il faut que je te fête.

COLAS.

Je reste interdit,
J'en perds l'appétit,
Si j'nen perds pas la tête.

Reprise des valets, qui sortent.
Dépêchons, etc.

(*Colas les salue en les voyant sortir.*)

HENRIETTE.

Qui donc salue-tu ?

COLAS.

Tiens, je salue ces messieurs ; est-ce qui ne faut pas être poli à la cour ? dis-donc, ça doit être des généraux ou des tambours-majors ?

LA COMTESSE.

Ah ! ah ! ah ! ce sont mes gens, ma livrée.

COLAS.

Ah ! c'est des gens ! Comment j'ai salué des gens !

HENRIETTE, à Colas.

A présent, bon appétit, M. Colas.

SCÈNE XIV.

LA COMTESSE, COLAS.

LA COMTESSE.

Eh bien ! Colas, commence-tu à te remettre de ta surprise ?

COLAS.

Oui, v'là que je m'apprivoise un peu.

LA COMTESSE.

Eh bien ! voyons, assieds-toi.

COLAS.

Sur ce beau fauteuil, à côté de vous ?

LA COMTESSE.

Sans doute.

COLAS.

Ah ! comme on enfonce ; on dirait que je m'assis sur un fromage à la crême.

LA COMTESSE.

Approche-toi donc ! Comme tu me regardes ! est-ce que tu ne me trouves plus aussi jolie qu'autrefois ?

COLAS.

Non... vous êtes trop belle à présent.

LA COMTESSE.

Je veux pourtant que tu m'aimes comme dans notre jeune temps.

COLAS.

J'pourrai jamais.

LA COMTESSE.

Je le veux !

COLAS.

Vous fâchez pas, madame la comtesse... j'vas tâcher.

LA COMTESSE.

Encore madame la comtesse! je te défends de m'appeler
ainsi; appelle-moi Manon et dis-moi toi, comme ancienne-
ment.

COLAS.

Comment vous voulez que je te tutoie?

LA COMTESSE.

Oui, ça me rappelle mon enfance; nous étions pauvres,
ignorés; mais nous étions heureux.

COLAS.

Y m'semble que vous... que tu n'as pas perdu au change.

LA COMTESSE.

Ah! tu n'en sais rien.

AIR : *Et l'on revient toujours.*

Aux jours de l'innocence,
Aimant sans défiance,
L'ambition jamais
N'entra dans nos projets.
Tout s'oublie avec l'âge;
On quitte le village
Et l'on devient volage;
Mais on revient toujours
A ses premiers amours.

ENSEMBLE.

Oui, l'on revient toujours, etc.

Voyons, mon ami, en causant tu oublies que tu es venu
ici pour déjeûner.

COLAS.

C'est vrai... Vois-tu, si j'ai le cœur plein, je commence à
sentir que j'ai l'estomac vide.

LA COMTESSE.

Voyons, prends ce que tu voudras.

COLAS.

Ma foi... je vas me découper ce dindonneau; il est supé-
rieurement rôti... J'aurai pas mieux fait.

SCÈNE XV.

LES MÊMES, LE DUC.

*(Au moment où Colas va manger, on frappe d'une porte latérale.
Colas reste la fourchette en l'air et n'ose plus manger.)*

COLAS.

Ah! bon Dieu! qu'est-ce que c'est ça?

LE DUC, *en dehors.*

Comtesse, peut-on entrer?

LA COMTESSE, *bas à Colas.*

Ce n'est rien; c'est le duc.

COLAS.

Un duc!

LA COMTESSE.

Oui, le duc de Cossé, un de mes protégés.

COLAS.

Tu protéges des ducs, toi? Y va entrer: je me sauve!

LA COMTESSE.

Du tout, du tout. Je vais le renvoyer... (*Haut.*) Mon cher duc, je n'y suis pas.

COLAS, *bas.*

Y voudra pas te croire.

LE DUC.

Avec qui causez-vous donc?

COLAS.

Là, tu vois bien.

LA COMTESSE.

Avec mon coiffeur. Je suis à ma toilette; je ne puis vous recevoir.

LE DUC.

Alors... je reviendrai plus tard vous présenter mes hommages.

COLAS.

C'est moi qui suis le coiffeur... Y donne dans le panneau... Ah! mon Dieu! qu'on est bête à la cour...

LA COMTESSE.

Tu vois bien qu'il est parti. Eh bien! tu ne manges pas.

COLAS.

Si... si... ça va revenir... mais vot' duc m'a coupé l'appétit.. Pauvre cher homme! Ah! au fait, il a la soupe chez lui...

LA COMTESSE.

Tiens, bois, cela achèvera de te rassurer.

COLAS.

Oui, au fait, du vin de roi ça doit être fameux. (*Au moment où il porte le verre à ses lèvres, on frappe à l'autre porte.*) V'là encore un duc!

LA COMTESSE.

Chut!

COLAS, *effrayé.*

Qu'est-ce que c'est? hein?

LA COMTESSE.

C'est le roi !...

COLAS, *se levant.*

Le roi !... Ah ! pour le coup y va me faire fusiller au moins.

LA COMTESSE.

Qnel contretemps !... Enfin, celui-là je ne peux pas le renvoyer.

COLAS.

Tu vas y ouvrir ?... C'est fait de moi !

LA COMTESSE.

N'aie donc pas peur.   (*Pendant qu'elle va à la porte.*)

COLAS.

Miséricorde !... où me cacher ? Si seulement j'avais apporté ma caisse, je me fourrerais dedans... Dieu ! v'là le roi !...

(*Il se cache sous la table. Louis XV entre ; il est en costume simple et s'appuie sur une canne qu'il dépose en entrant près d'un fauteuil.*)

SCÈNE XVI.

Les Mêmes, LE ROI.

LA COMTESSE.

Soyez le bien arrivé, sire.

LE ROI.

Bonjour, comtesse.... La pluie est venue interrompre la chasse ; il a fallu revenir... il me semble que vous m'avez fait bien attendre...

LA COMTESSE, *hésitant.*

C'est que je ne pensais pas que votre majesté... (*Bas*) Comment faire ?

LE ROI.

Et bon Dieu ! qu'est-ce que tout cela, comtesse ? une table servie !

LA COMTESSE.

Non, sire, j'avais invité quelqu'un... (*Elle regarde.*) Où est-il donc passé ?

LE ROI.

Vous attendiez quelqu'un... et qui donc ?
(*En s'approchant de la table, il marche sur la main de Colas.*)

COLAS, *sous la table.*

Haie ! haie ! la main !

LE ROI.

Eh ! parbleu votre convive est sous la table.

LA COMTESSE.

L'imbécille!.. Excusez-le, sire; en apprenant l'arrivée de votre majesté... la crainte... le respect...

LE ROI.

Mais qu'il se montre donc; est-ce ma présence qui l'effraie...

COLAS, *passant la moitié de son corps.*

Sire! j'ai la permission du caporal.

LE ROI.

Un tambour!... Comment, comtesse, vous recevez des tambours chez vous!

LA COMTESSE.

Ah! sire. celui-là est sans conséquence... nous avons été élevés ensemble... c'est... c'est mon frère de lait.

COLAS.

Me v'là son frère de lait... pourvu que sa majesté donne dedans...

LE ROI.

Ah! je comprends alors... Mais sors donc de là-dessous, mon garçon... Je ne te voyais pas... j'ai dû te faire mal?

COLAS.

Au contraire, sire... vous m'avez écrasé la main...

LE ROI.

Allons, voyons, comtesse, faites comme si je n'y étais pas... mettez-vous à table.

LA COMTESSE.

Sire! en votre présence...

COLAS.

C'est pour le coup que je pourrais pas avaler.

LE ROI.

Allons, je le veux.

LA COMTESSE.

Vous l'ordonnez, sire?

LE ROI, *riant.*

Oui, oui, je l'ordonne.

COLAS.

Quel bon roi!... il veut que ses sujets mangent.

LE ROI.

Ce qu'on vous a servi paraît excellent. Ma foi, je me sens en bonne humeur... et je veux être des vôtres.

COLAS.

Ah! par exemple!

LA COMTESSE.

Quoi! votre majesté daignerait...

LE ROI.

Oui, ma majesté daigne se mettre à table quand elle a faim.

COLAS.

Au fait, sa majesté, il ne faut jamais bouder contre son ventre... Si vous voulez prendre ma place ?

LE ROI.

Du tout; garde-là... la comtesse t'a invité... et la table est assez grande pour trois... D'ailleurs, j'aime le changement, moi... Je mange tous les jours avec des ministres et des princes, je ne suis pas fâché pour la première fois de ma vie de dîner avec un tambour.

COLAS, *s'asseyant.*

Nous nous ressemblons en ça, sire; c'est aussi la première fois qu'il m'arrive de dîner avec un roi.

LE ROI.

Allons, verse-moi à boire. De la gaîté, comtesse, nous ne sommes pas au grand couvert.

COLAS.

A vot' santé, majesté... Dieu! quel bon vin !... (*Voyant boire le roi.*) Le roi boit ! le roi boit !

LA COMTESSE.

Chut !

LE ROI, *riant très-fort.*

Et de plus, il boit comme un autre... Encore un verre, mon garçon. Tu n'as pas de si bon vin à ta caserne ?

COLAS.

Nous avons de l'eau à discrétion : mais ça ne vaut pas ça.

LE ROI.

Ah ça! et que dit-on de mon gouvernement dans la troupe?

COLAS, *buvant et s'étourdissant peu d peu.*

Dam, sire, pas grand chose... Après ça, vous sentez bien que moi qui ne suis milicien que depuis six semaines, je ne suis pas au fait des cancans... Il y avait l'autre jour un sergent de chez nous qui disait que nous étions à c't'heure sous le règne de Cotillon III. Connaissez-vous ça ?

LE ROI.

Ah! ah! ah ! C'est très-plaisant; voilà le premier qui a osé me dire cela en face, *in vino veritas.*

COLAS, *se levant.*

Vous voulez une tasse ?

LE ROI.

Tout cela est vraiment délicieux, il y a long-temps que je n'avais fait un si bon repas.

COLAS.

C'est comme moi, j'en ai pris au moins pour quinze jours.

LE ROI.

Allons, comtesse, laissons dire les mauvaises langues, et vive la joie! à ta santé, Manette!

COLAS.

A ta santé, Manon!

LA COMTESSE.

Allons... puisque votre majesté commence,... à ta santé, La France!

COLAS.

En v'là une fameuse... elle dit toi à une majesté!

LE ROI.

Voyons, mon garçon... verse donc.

AIR : *Verse, verse le vin de France.*

Buvons, amis, et buvons frais,
A ma bonne humeur je me livre ;
C'est du bon temps pour les sujets,
Lorsqu'en paix le prince s'enivre.
Jamais dans ces doux momens-là
Il ne signe d'arrêts sévères,
Il croit que jamais il n'aura
De tracas, de troubles, de guerres,
Du trône oublions les misères ;
Ça, vidons gaîment nos verres,
La gabelle les remplira.

ENSEMBLE.

Oui, vidons, etc.

COLAS, *un peu animé.*

Ah ça! dis donc, dis donc, ma chère, tu m'as pas mal fait aller, toi... Et tu veux me faire accroire que ce monsieur-là est le roi!

LA COMTESSE.

Veux-tu bien te taire...

LE ROI.

Comment! ce drôle me conteste ma légitimité!

COLAS.

Non, ce n'est pas le roi... la preuve c'est que tu l'appelles La France. C'est pas celui qu'a gagné la bataille de Foutenoi... c'est ton roi à toi... c'est pas not' roi, à nous.

LE ROI, *bas à la comtesse.*

L'épigramme n'est pas mauvaise, en passant ; qu'en dites-vous, comtesse? (*On ouvre la porte.*) Qui vient là?

COLAS.

Si c'est encore un roi, y a plus de place.

SCÈNE XVII.

LES MÊMES, JULES.

LA COMTESSE.

Entrez... entrez, Jules... Permettez, sire, que je vous présente à signer la commission dont je vous ai parlé hier soir.

LE ROI.

Qu'est-ce que c'est que cette commission?

JULES.

Sire, c'est l'entrepôt des sels, à Rennes.

LE ROI.

Volontiers ; à qui destinez-vous cela ?

LA COMTESSE, *à part.*

Quelle idée !... les noms sont restés en blanc, nous les remplirons plus tard.

LE ROI.

Ah ! vive Dieu ! je suis content de ce gros garçon-là, et pour lui prouver que je suis roi... j'ai envie de le régaler des sels de Bretagne.

JULES.

Sire, c'est une place de dix mille écus.

COLAS.

Tiens, tiens, mais ça me va à merveille... Faut-il savoir écrire?

LE ROI.

Mais, à la grande rigueur, je crois qu'oui.

COLAS.

C'est que j'écris un peu gros, voyez-vous. (*Regardant signer le roi.*) J'écris mieux que ça.

LA COMTESSE.

Sire, je tiens à disposer de cette place. . Jules, donnez-moi ce qu'il faut pour écrire, je vais remplir moi-même les noms.

(*Pendant ce temps elle sonne.*)

JULES.

Voilà donc comme on distribue les emplois!... O France! et c'est ainsi qu'on te gouverne! (*Au bruit de la sonnette Henriette est venue. La comtesse lui parle à l'oreille.*)

HENRIETTE.

Je devine... je vais la chercher.   (*Elle sort.*)

COLAS, *bas.*

J'ai envie de demander au roi qui me reprenne ma peau d'âne.

LE ROI.

Eh ! voilà notre joyeux financier.

SCÈNE XVIII.

LES MÊMES, LE BARON.

LE BARON.

Moi-même, sire...

LE ROI.

Entrez, entrez baron.

LE BARON.

Sire... je n'osais... Que vois-je ? un tambour !... voilà du nouveau.

COLAS.

Tiens, un baron... me v'là lancé dans une société bien comme il faut.

LE BARON.

Je venais, sire, vous remercier de la nouvelle grâce que votre majesté a bien voulu accorder pour moi à madame Dubarry.

LE ROI.

Cette commission serait-elle pour vous ?

JULES.

Sortons... je ne pourrais me contenir...

LA COMTESSE.

Jules... attendez... C'est vous que je charge de remettre cette commission au titulaire.

JULES.

Madame, le baron n'est-il pas là ?

LA COMTESSE.

Je veux que vous portiez vous-même ce brevet à son adresse.

LE BARON.

N'allez pas plus loin, madame... Que vois-je ? le roi accorde à M. Jules Raimond...

JULES.

A moi !

LA COMTESSE.

Oui, monsieur le raisonneur ; pour vous punir de toutes

vos impertinentes vérités, je vous renvoie et vous exile en Bretagne.

COLAS.

Il paraît que décidément c'est lui qu'aura les sels.

LA COMTESSE.

Mais c'est à condition que vous épouserez Héloïse et que vous emmennerez comme votre maître-d'hôtel mon protégé, M. Nicolas Mathon.

COLAS.

Présent!... Me v'là dans mon centre; pas de tambour à battre et une bonne cuisine à faire.

LE BARON.

Comtesse... c'est une horreur... un passe-droit...

LA COMTESSE.

Une fois par hasard, il faut bien récompenser le mérite... si toutefois le roi daigne approuver.

LE ROI.

J'approuve tout, comtesse; mais je veux voir la jeune future de mon nouveau comptable.

LA COMTESSE.

La voilà, sire.

LE ROI.

Elle est ma foi charmante !

JULES, *à la comtesse.*

Ah ! madame comment reconnaître...

LA COMTESSE.

Vous penserez un peu moins de mal de la cour.

LE ROI.

Ma chère enfant, je veux que vous emportiez un souvenir de moi. (*Il lui donne une bague.*)

HÉLOÏSE.

Sire... c'est trop de bonté.

LE ROI.

C'est à regret que je vous vois quitter Versailles. Cette petite est vraiment charmante...

HENRIETTE, *bas.*

Mon cher secrétaire, si vous m'en croyez, vous partirez demain,

JULES.

Je vous comprends; je partirai ce soir. (*Il vient prendre Héloïse.*) Sire, permettez... (*Héloïse fait la révérence.*)

LA COMTESSE.

Allez, mes amis... et surtout ayez bien soin de Colas.

COLAS.

Est-elle bonne!... Ah! si elle n'était pas comtesse et si sa majesté n'était pas là...

CHOEUR FINAL.

Air :

Ici, du roi de France
Chantons tous la bonté,
Célébrons sa clémence,
Sa générosité.

FIN.